Simone de Beauvoir

LEBEN IN BILDERN

Herausgegeben von
Dieter Stolz

Simone de Beauvoir

Ursula März

DEUTSCHER KUNSTVERLAG

Inhalt

Eine Frau, ein Satz

Entscheidende Erkenntnisse kulminieren häufig in kurzen, griffigen Sätzen. In Sätzen, die das Denken in ein Davor und ein Danach teilen. Zu Beginn des 17. Jahrhunderts entstand ein solcher Satz, er wird Galileo Galilei zugeschrieben und machte die Menschheit darauf aufmerksam, dass die Erde sich um die Sonne dreht: »Und sie bewegt sich doch.« Im 19. Jahrhundert stellte ein bärtiger Revoluzzer namens Karl Marx die idealistische Philosophie vom Kopf auf die Füße und erklärte: »Das Sein bestimmt das Bewusstsein.« Auch das 20. Jahrhundert brachte einen solchen unhintergehbaren Satz hervor, der unabhängig von seiner Richtigkeit das Denken in ein Davor und ein Danach einteilt. Simone de Beauvoir, französische Schriftstellerin, Philosophin und Intellektuelle, war 40 Jahre alt, als sie ihn zu Papier brachte, vermutlich an ihrem Stammplatz im Pariser Café de Flore. Er lautet:

»On ne naît pas femme, on le devient.«
»Man wird nicht als Frau geboren, man wird es.«

Mit diesem Satz beginnt eine neue Epoche. Bescheidener kann man es nicht sagen. Es ist der Schlüsselsatz eines historisch einmaligen Umbruchs, der alles Private betraf wie alles Politische. Es ist der Schlüsselsatz der Frauenemanzipation, er markiert den Anfang vom Ende des Patriarchats. Er begehrt dagegen auf, dass die Teilung der Menschen in einen überlegenen männlichen und einen unterlegenen weiblichen Teil von der Natur gewollt sein soll. Dieser Satz eroberte im Jahr 1949 das Denken.

Heute, ein halbes Jahrhundert später, gilt seine Erkenntnis beinahe als Selbstverständlichkeit, zumindest in der westlichen Welt. Um seine visionäre Kühnheit, seine revolutionäre Kraft zu erfassen, ist

Simone de Beauvoir. 1. August 1947.

Pressekonferenz des Internationalen Komitees für die Rechte der Frauen anlässlich der Abreise französischer Journalisten in den Iran, um auf die Situation der Frauen in der Iranischen Revolution hinzuweisen. Von links nach rechts: Simone de Beauvoir, Anne Zelinski, Benoîte Groult, Colette Audry. Paris, 1979.

es ratsam, sich daran zu erinnern, dass noch im Jahr 1903, fünf Jahre vor Beauvoirs Geburt, das Pamphlet *Über den physiologischen Schwachsinn des Weibes*, verantwortlich dafür zeichnete sich der Nervenarzt Paul Julius Möbius, allen Ernstes als wissenschaftliche Arbeit gewürdigt wurde. Dass das Frauenwahlrecht in Frankreich erst im Oktober 1944 eingeführt wurde. Dass noch ein paar Jahre zuvor die Anwendung von Verhütungsmitteln in ebendiesem Land unter Strafe stand und noch ein paar weitere Jahre vergehen sollten, bis französische Ehefrauen ohne die Zustimmung ihres Gatten ein eigenes Bankkonto führen durften.

Ein Buch wie keines zuvor

Das also war die historische Situation, in der Simone de Beauvoir begann, ein Buch über die Existenz- und Lebensweise von Frauen zu schreiben. Sie hatte es gar nicht geplant. Sie hatte drei Romane, ein Theaterstück und einige philosophische Essays verfasst; sie war bekannt, aber noch nicht weltberühmt und sie gehörte zur Redaktion der neuen Zeitschrift *Les Temps Modernes*, als sie sich im Frühjahr 1946 fragte, wo der Weg ihres Schreibens eigentlich hinführen sollte. Sie merkte, dass sie – das war ihre Uridee – einmal nur über sich selbst nachdenken wollte, über ihr Leben, ihre persönlichen Erfahrungen. Über sich als Frau oder gar über das weibliche Geschlecht im Allgemeinen zu schreiben, hatte sie nie vorgehabt. Nun ergab es sich aus schierer Konsequenz. Denn als sie darüber nachdachte, was es als Wichtigstes über sie selbst zu sagen gäbe, war dies die verblüffend einfache Feststellung: »Dass ich eine Frau bin.«

Als die hochreflektierte Autorin der Frage weiter nachging, was das eigentlich sei, eine Frau, wie das Dasein dieses Wesens zu definieren wäre, bemerkte sie etwas nicht minder Verblüffendes: Es gibt sie gar nicht, die Frau an sich, zumindest nicht als eigenständige Kategorie des Denkens. Es gibt sie nur relativ, nur als Ableitung vom Mann, als Nebengeschlecht des Hauptgeschlechts, eben als das Andere in Bezug auf das Eigentliche.

Gab es überhaupt eine Kulturgeschichte des weiblichen Geschlechts? Bis zum Jahr 1949 nicht. Jetzt betrat sie mit einem Umfang von nicht weniger als 1.000 Buchseiten die Bühne. *Das andere Geschlecht. Sitte und Sexus der Frau*, ein Buch, wie es nie zuvor eines gegeben hatte, schlug ein wie eine Bombe. Es wurde vom Vatikan sofort auf den Index gesetzt, von ausgewiesenen Reaktionären ebenso verachtet wie von Intellektuellen in Beauvoirs eigener Sphäre. Albert Camus be-

Umschlag der Rowohlt-Taschenbuchausgabe von *Das andere Geschlecht*.

Simone de Beauvoir und Jean-Paul Sartre bei einer Sitzung des Redaktionskomitees von *Les Temps Modernes* im November 1977. Von links nach rechts: Mr. Goy, François Georges, Claire Etcherelli, Pierre Victor, Simone de Beauvoir, Jean-Paul Sartre und Jean Pouillon.

schimpfte Simone de Beauvoir, sie habe »den französischen Mann lächerlich gemacht«. Sie konnte im Sommer 1949 kein Café betreten, ohne verlacht, verhöhnt, wahlweise als Nymphomanin oder als frigider Blaustrumpf verunglimpft zu werden. Sie war in aller Mund, eine einzige Provokation, die Ungeheuerliches schrieb und äußerte. Eine kleine Kostprobe hört sich so an:

»Denn die Ehe, das ist die größte Falle.«
»Die Anatomie weist Unterschiede auf, aber keiner von ihnen stellt einen Vorteil für das männliche Geschlecht dar.«
»Kein Mann würde eine Frau sein wollen, aber alle wünschen, dass es Frauen gibt.«
»Da die Ehe die körperliche Liebe im Allgemeinen nicht mit einschließt, schiene es vernünftig, das eine unverblümt vom anderen zu trennen.«
»Adam war nichts als ein roher Entwurf …«

Zwei Jahrzehnte später ging Simone de Beauvoir an der Seite von Frauen, die ihre Töchter hätten sein können, auf die Straße und demonstrierte für Gleichberechtigung. *Das andere Geschlecht*, die Bibel des Feminismus, war der Geschichte ganz einfach voraus. Und sie, die es verfasst hatte, war, wie so oft in ihrem Leben: die Erste, eine Pionierin. Vermutlich ist kein anderes Wort geeigneter, das Phänomen Beauvoir zu bezeichnen. Sie war die erste von zwei Töchtern. Sie gehörte zur ersten Frauengeneration des 20. Jahrhunderts, der es gewährt wurde, Universitäten offiziell zu besuchen, die bis dahin ausschließlich Männern vorbehalten waren. Sie war die Erste, die das berüchtigte Abschlussexamen an der Sorbonne im Fach Philosophie mit glänzenden Noten bestand. Sie war die erste moderne Frau, die mit einem Mann nach einem regelrechten Freiheitsprogramm lebte. Und sie war die Erste, die beschloss, eine Universalgeschichte des weiblichen Geschlechts zu verfassen. Radikales Manifest, phänomenologische Analyse und enzyklopädische Darstellung in einem.

Das Themenspektrum des *Anderen Geschlechts* ist enorm: die Rolle der Frau beim Übergang zum Ackerbau in der Frühzeit. Die Rolle der Frau in Kunst und Mythos. Die Rolle der Frau in der Geschichte der Medizin. Die Rolle der Frau in der Prostitution. Die Unterdrückung der Frau in der Ehe und bei der Arbeit der Kinderaufzucht. Die Unterdrückung der Frau durch Schönheitsnormen. Die Unterdrückung der Frau in Politik und Öffentlichkeit. Die Unterdrückung

Das Café de la Rotonde in Paris um 1910.

der weiblichen Kreativität und geistigen Kraft. Die Unterdrückung der weiblichen Lust in der Sexualität. Viele Themen sind und bleiben aktuell.

Eineinhalb Jahre verbrachte Simone de Beauvoir für dieses Buch in Bibliotheken, trug Ethnographie, Psychoanalyse, Biologie, Geschichte, Berge von Romanen zusammen. Und sie sprach wie eine Reporterin mit Frauen, fragte sie nach ihren Biographien, ihrem realen und ihrem erträumten Leben aus, ließ sich von Abtreibungen, von Alltagen und Weltanschauungen erzählen. Sie tat dies nicht nur in ihrem Pariser Umfeld, sie tat es vor allem auf ihrer ersten Reise in die USA im Jahr 1947.

Ohne diese Reise hätte es den Schlüsselsatz des *Anderen Geschlechts* vielleicht nie gegeben. Denn in Amerika erlebte Simone de Beauvoir die Rassentrennung, die Diskriminierung der Schwarzen durch Weiße zum ersten Mal konkret und aus der Nähe. Sie erlebte, dass die eine Hautfarbe als die richtige galt und die andere Hautfarbe als die weniger richtige, die sich von jener ableitete. Ein schwarzer Amerikaner war nicht mehr als ein nichtweißer Amerikaner. Dieses Muster übertrug sie auf das Verhältnis der Geschlechter. Dieses Muster fügte sich in zentrale Unterscheidungsbegriffe des Existentialismus, in die Unterscheidung zwischen Transzendenz und Immanenz. Das männliche Geschlecht beanspruchte, sich zu entwerfen, zu gestalten, zu transzendieren. Dem weiblichen Geschlecht stand es lediglich zu, entworfen zu werden, immanent zu sein.

Aber von der philosophischen Ausstattung einmal abgesehen – was war die persönliche Ausstattung der Pionierin des Feminismus? Wie kam eine »Tochter aus gutem Haus« dazu, ein derart verwegenes Monumentalwerk zu verfassen und mit einem einzigen Satz die Lunte an ein Ölfass zu legen, das zwei Jahrzehnte später explodieren und das Patriarchat in die Luft jagen sollte?

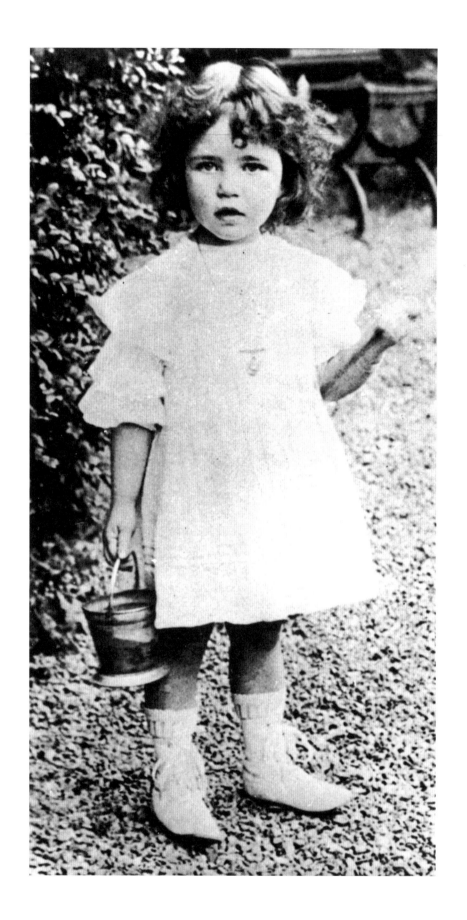

»Ihr, meine Kleinen, werdet nicht heiraten, ihr müsst arbeiten«

Das war sie tatsächlich: eine Tochter der französischen Bourgeoisie, geboren 1908, in der Zeit der Belle Époque. Das Kind einer Gesellschaftsschicht, die der Etikette, den distinktiven Gepflogenheiten und den Anstandsregeln der Aristokratie nacheiferte.

Bereits im Alter von drei Jahren besaß die kleine Simone eine eigene Visitenkarte, was damals durchaus üblich war für ein höheres Töchterchen. Die in diesen Dingen unnachgiebige Mutter Françoise hatte Simone den perfekten Umgang mit der Karte beigebracht. Das Kind öffnete sein Täschchen, holte eine Visitenkarte heraus und legte sie anmutig auf das Silbertablett, das ein Dienstbote des Hauses, in dem es mit den Eltern zu Gast war, diskret anreichte. Es dürfte nicht mehr lang gedauert haben, bis das hochbegabte Mädchen ahnte, dass hinter dem großbürgerlichen Schein, den Françoise de Beauvoir mit der Verbissenheit mühsam unterdrückter Frustration aufrechtzuerhalten suchte, etwas nicht stimmte. Dass sie in einer Familie lebte, die sich Kinkerlitzchen wie Visitenkarten für Dreijährige eigentlich überhaupt nicht leisten konnte.

Zwei Erfahrungen prägten Simone de Beauvoirs Kindheit: zum einen die Entdeckung des Intellekts, ihre früh entwickelte, maßlose Leidenschaft für alles, was mit der Welt des Wissens, der Bücher und des Lernens zu tun hatte. Sie konnte bereits mit vier Jahren lesen und sie wurde, als sie mit fünfeinhalb Jahren in die katholische Privatschule für Mädchen, Cours Désir, eintrat, eine von Ehrgeiz getriebene geistige Überfliegerin, die auf alles verzichtet hätte – nur nicht auf ihre Position als Klassenbeste. Zum anderen aber der materielle und der damit verbundene gesellschaftliche Abstieg ihrer Familie.

Simone de Beauvoir. Foto von 1911.

Als die Eltern Françoise und Georges de Beauvoir im Dezember 1906 in Paris heirateten und kurz darauf eine standesgemäße, großzügige Wohnung am Boulevard du Montparnasse direkt über dem Café La Rotonde bezogen, waren sie wirtschaftlich bereits weniger gut ausgestattet, als es ihrem Außen- und ihrem Selbstbild entsprach. Françoise brachte keine Mitgift in die Ehe. Ihr Vater war ein Bankrotteur, der 1909 wegen Schulden mehrere Monate in Untersuchungshaft saß. Und Georges de Beauvoir, der zunächst als Anwalt in einer Kanzlei tätig war, zeichnete sich durch Charme, Bildung, rhetorischen Esprit und eine gelinde Spielsucht aus. Disziplin, Fleiß und berufliche Ambition gehörten indes nicht zum Ensemble seiner Charaktereigenschaften. Simone de Beauvoirs zwei Jahre jüngere Schwester Hélène beschrieb ihn folgendermaßen: »Alle Männer in der Beauvoir-Familie waren faul und arbeitsscheu. Nur die Frauen waren stark und taten alles, um den Männern den Gesichtsverlust zu ersparen.«

Nach dem Ersten Weltkrieg war es so weit: Die Fassade brach endgültig zusammen. Der Zusammenbruch manifestierte sich in einem ebenso konkreten wie katastrophalen Ereignis, einem Wohnungsumzug. Im Jahr 1919 musste die Familie de Beauvoir die Wohnung am Boulevard du Montparnasse räumen und mit einer sehr viel kleineren, fast schäbigen Unterkunft vorliebnehmen. Sie zog in die Rue de Rennes, in den fünften Stock eines Mietshauses ohne Aufzug. Kurz darauf wurde auch noch das Dienstmädchen entlassen. Die Mutter putzte, wusch, kochte, nähte ohne jede Hilfe. Der Vater schleppte den Abfall und die Ascheimer die Treppen hinunter. Georges de Beauvoir konnte sich die Anwaltskanzlei nicht mehr leisten, er schlug sich bis zu seinem Lebensende als Anzeigenakquisiteur bei wechselnden Zeitungen durch. Die beiden Töchter Simone und Hélène trugen die abgetragenen Kleider ihrer Cousinen auf.

Scham, Bitterkeit, Aggression begleiteten von nun an die Familie. »Alles Mögliche ging damals schief«, sagte Simone de Beauvoir noch Jahrzehnte später über das Desaster der Deklassierung. »Ich war ein sehr glückliches Kind, bis ich elf Jahre alt wurde.« Bis sie die Erfahrung machte, dass aus einem großbürgerlichen im Nu ein kleinbürgerliches Leben werden kann. Ob aus dem Mädchen auch ohne die Erfahrung des Abstiegs die unabhängige Denkerin und die Frau geworden wäre, die sich nie mehr von der Gesellschaft entwerfen ließ, sondern sich selbst entwarf? Die Frau, die den nächsten, konsequenten Schritt wagte, den Ausstieg aus bürgerlicher Moral und Sitte?

Die Eltern Georges und Françoise de Beauvoir.

Das Leben der Dreijährigen mit der eigenen Visitenkarte war auf eine standesgemäße Ehe an der Seite eines möglichst wohlhabenden Mannes ausgerichtet. Damit war es für die Elfjährige, die weder Erbe noch Mitgift erwarten durfte, vorbei. Und Georges de Beauvoir ließ keine Gelegenheit aus, seinen Töchtern die neue Zielrichtung ihres Lebens beizubringen. Sein pädagogischer Refrain lautete von nun an:

»Ihr, meine Kleinen, werdet nicht heiraten, ihr müsst arbeiten.«

Simone de Beauvoir und ihre zwei Jahre jüngere Schwester Hélène, genannt Poupette, mit ihrer Mutter Françoise in Meyrignac. Um 1912.

Das Leben:
ein ziemliches Pensum

Und wie sie arbeitete. Simone de Beauvoir lässt sich mit einigen Superlativen beschreiben: berühmteste Intellektuelle, berühmteste Feministin des 20. Jahrhunderts. Man muss aber einen Superlativ hinzufügen: Beauvoir war arbeitswütig und diszipliniert wie kaum eine andere. Zeit ihres Lebens verlangte sie sich ein rigoroses Arbeits- und Alltagspensum ab. Claude Lanzmann, mit dem sie von 1952 an sieben Jahre liiert war und zeitweilig auch zusammenwohnte, musste sich an den straffen Lebensstil der neuen Geliebten erst gewöhnen:

»Ich zog in die Rue de la Bûcherie ein. Es gab im Grunde nur einen Raum, mag sie behaupten, was sie will. Das enge Zusammensein war ein Problem. Sie arbeitete unentwegt. Am ersten Morgen wollte ich im Bett liegenbleiben, doch sie stand auf, kleidete sich an und setzte sich an ihren Arbeitstisch. ›Sie können dort arbeiten‹, sagte sie und zeigte aufs Bett. Also stand ich auf, setzte mich auf die Bettkante, rauchte und tat so, als arbeitete ich. Ich glaube, sie hat bis zur Mittagsstunde kein einziges Wort mit mir gewechselt. Abends gab es allerlei Versammlungen und Verabredungen. Es gab keine Partys, keine Empfänge, keine bürgerlichen Werte. Das alles betraf uns nicht. Es gab nur das Wesentliche – ein Leben ohne Ballast, von einer Schlichtheit, die bewusst gewählt war und dem Zweck diente, ungehindert arbeiten zu können.«

Sie verschwendete keine Minute an Hausarbeit und nur sehr wenige Minuten an ihre äußere Erscheinung. Wer Simone de Beauvoir von Fotografien kennt, kennt die Kollektion der Bänder, Schals und Turbane, mit denen sie ihre Hochsteckfrisur in Form hielt. Es war die praktischste und die schnellste Art, die langen dunklen Haare zu bändigen. Diese Frisur, die sie immer beibehielt, legte sie sich aus Gründen der Zeitersparnis bereits als Schülerin zu. Sie flocht die

Simone de Beauvoir in einem Pariser
Hotel bei der Lektüre eines Briefes.
Foto von 1945.

Jean-Paul Sartre und Simone de Beauvoir
in der Brasserie La Coupole im 14. Arrondissement. Aufnahme von 1970.

Haare ein bis zwei Mal in der Woche zu langen Zöpfen, steckte sie morgens schneckenförmig um den Kopf und ging abends mit den Zöpfen wieder zu Bett. Sie war weder eine typische Bohemienne noch eine typische Parisienne. Wenn sie tief in die Arbeit an einem Buch versunken war, mussten Freunde sie darauf hinweisen, dass das Winterkleid nun doch vielleicht weggehängt werden könne, da in Frankreich bereits Hochsommer herrsche.

Als sie in das Alter kam, in dem Mädchen beginnen, von der Liebe und von jungen Männern zu träumen, hatte sie eine ganz genaue Vorstellung von beidem. Sie träumte davon, in einem lichtdurchfluteten Zimmer neben ihrem Gefährten zu sitzen, zu lesen und zu schreiben. Und genau so kam es auch, genau so saß sie später neben dem Mann ihres Lebens, jeder an einem kleinen Schreibtisch, vertieft in die Arbeit.

»Ich will«, erklärte sie ihren Jugendfreundinnen, »vor allem einen intelligenten Mann.« Den fand sie. Schön war er wirklich nicht, der kleine, schieläugige, schmuddelige Philosophiestudent, aber mindestens ebenso so rasend intelligent wie sie.

Die Liebe: ein ziemlich radikales Programm

Spätestens jetzt muss er auftreten: Monsieur Sartre, geboren 1903. Der Philosoph, dessen Name bis in alle Ewigkeit in einem Atemzug mit ihrem genannt werden wird, als handele es sich um den Doppelnamen einer Firma. Der Mann, von dem sie sagte: »Eher würde ich sterben, als Sartre zu verlassen.« Der Mann, mit dem sie niemals in einer gemeinsamen Wohnung lebte, mit dem sie nicht verheiratet, aber existentiell verbunden war. Das berühmteste Paar der Moderne. Ein Paar wie ein Denkmal. Eine Legende und bis heute umgeben von der Aura des Skandals.

Der Ruhm verdankt sich weniger den politischen Auftritten und zahllosen Nebenaffären, die sich die beiden gönnten und gestatteten. Er verdankt sich vor allem der Tatsache, dass dieses Paar sich ein Programm zurechtlegte, ein radikales, antibürgerliches Liebes- und Lebensprogramm. Beauvoir und Sartre lebten nicht nur, sie erfanden sich als Paar, als Zweipersonenprojekt. Vor ihnen hatte es ein solches nicht gegeben. Und wer es nach ihnen versuchte, scheiterte meist an den delikaten und anspruchsvollen Regeln des Projekts. Sie hießen: absolute Aufrichtigkeit. Absolute Loyalität. Absolute Freiheit. Absolutes Verständnis in der Unterscheidung zwischen der »notwendigen« Liebe und der »kontingenten« Liebe, das heißt, der zufälligen, flüchtigen Affäre. Notwendig war das Bündnis Sartre/Beauvoir, kontingent die Karawane der Liebhaber und Liebhaberinnen, die im Lauf der kommenden fünf Jahrzehnte an dem kleinen französischen Philosophen und der ihn um Kopfeslänge überragenden Schriftstellerin vorbeiziehen sollte.

So sah er also aus, der berühmte Pakt des berühmten Paares Sartre/ Beauvoir. Ausgehandelt und beschlossen wurde er an einem Oktoberabend des Jahres 1929 auf einer Parkbank vor dem Louvre. Die

Simone de Beauvoir und Jean-Paul Sartre in Paris. Aufnahme aus der zweiten Hälfte der 1950er Jahre.

beiden Verhandlungspartner standen an einem Wendepunkt ihres Lebens. Sie hatten gerade die Abschlussprüfung im Fach Philosophie bestanden – und zwar glänzend, Sartre auf Platz eins als Jahrgangsbester, Beauvoir auf Platz zwei. Damit allerdings war das Muster der geistigen Rangverteilung geschaffen, das Beauvoir später von manchen Feministinnen verübelt wurde. Sie räumte Sartre das Privileg geistiger Vorrangstellung ein, vom Oktoberabend 1929 bis zu Sartres Tod im Jahr 1980. Keinen Moment wich sie von ihrem Credo ab: »Sartre ist ein Genie, ich bin eine Schriftstellerin. Alle seine Männerfreunde gestanden ihm geistige Überlegenheit zu, warum nicht ich? Etwas anderes vorspiegeln zu wollen, wäre schlecht verstandener Feminismus, warum sollte ich es also nicht sagen?« Einem Genie zu dienen, auch das war ihre Überzeugung, kann nicht demütigend sein.

Beauvoir las und korrigierte jede Seite, die Sartre schrieb. Umgekehrt galt dies nicht. Sie unterbrach auf der Stelle ihre eigene Arbeit, wenn es an seiner etwas zu tun gab. Auch wenn es ihr gerade überhaupt nicht passte. In den Jahren 1953 und 1954 schrieb sie intensiv am Roman *Die Mandarins von Paris*, für den sie mit dem Prix Goncourt ausgezeichnet wurde. Sartre schrieb zur gleichen Zeit intensiv an seiner biographischen Studie über Jean Genet. Eines Tages legte er ihr das achthundertseitige Manuskript auf den Tisch und bat sie, damit in Klausur zu gehen. Sofort schob sie die *Mandarins* zur Seite und knöpfte sich Genet vor, obwohl sie ihn überhaupt nicht mochte, für einen Hochstapler und unwichtigen Schwindler hielt. Aber Sartres Werk war wichtig, wichtiger als alles andere. In einem Brief an Nelson Algren klagte sie: »Ich bin so unzufrieden, mich drängt es, mein eigenes Buch fertig zu stellen, aber das kann ich nicht, ehe ich nicht das von Sartre fertig habe.«

Genau genommen war ja auch er es, der auf die Idee mit dem Pakt kam und ihn vor dem Louvre zur Sprache brachte – dieses Arrangement aus Freiheit und Symbiose, aus Frivolität und Regelstrenge. Beauvoir war sich darüber vollkommen im Klaren. Drei Jahrzehnte später beschrieb sie im zweiten Band ihrer Memoiren, wie Sartre ihr sein Projekt schmackhaft machte: »Unser Bund würde so lange dauern wie wir selbst; er bot jedoch keinen Ersatz für den flüchtigen Reichtum der Begegnungen mit anderen Wesen. Warum sollten wir freiwillig auf die Skala der Überraschungen, der Enttäuschungen, der Sehnsüchte, der Freuden verzichten, die sich uns anboten?«

Schockierte sie, was ihr da angeboten wurde? Wenn ja, was zu vermuten ist, warum nahm eine einundzwanzigjährige Frau, die zum ersten Mal bis über beide Ohren verknallt war, die gerade den erträumten Mann und idealen Gesprächspartner gefunden hatte, das Angebot dennoch an? Was lockte sie? Was gewann sie durch diesen Pakt? Wer war, anders gefragt, Jean-Paul Sartre für Simone de Beauvoir?

Er war ihr Double, ihr anderes Ich. Die Leidenschaft, die dieses Paar verband, war lediglich in zweiter Linie sexueller Natur. Die körperliche Intimität währte wohl nur ein knappes Jahrzehnt, wie Beauvoir später selbst schilderte. Umso einzigartiger und exzessiver war die verbale Intimität. Freunde und Bekannte berichten unisono, nie eine solche Dichte der Kommunikation, nie einen solchen Gleichklang des Sprechens, Denkens, Empfindens erlebt zu haben wie bei diesem Paar. »Es war so intensiv, dass man manchmal fast traurig wurde, nicht auch so etwas zu haben«, sagte die gemeinsame Freundin Colette Audry einmal.

Und Sartre war für Beauvoir: der Gewährsmann für den Eintritt in die Welt männlichen Geistes, männlicher Transzendenz. Hier als Frau einen Platz einzunehmen, das war das große Ich-Projekt Beauvoirs, der Entwurf ihrer ersehnten Identität. Kein anderer Mann hätte ihr ermöglicht, was Sartre ihr ermöglichte: ein selbstbestimmtes, gleichsam »männliches« Leben zu führen, ein Leben, in dem es weder Kinder noch Haushaltspflichten, nur intellektuelle Arbeit, Schreiben und Reisen gab, und dennoch den weiblichen Part in einer Paarkonstellation einzunehmen. »Kinder zu haben, die ihrerseits wieder Kinder bekämen, hieß nur bis ins Unendliche, das ewige alte Lied wiederholen; der Gelehrte, der Künstler, der Schriftsteller, der Denker schufen eine andere, leuchtende, frohe Welt, in der alles seine Daseinsberechtigung erhielt. In ihr wollte ich meine Tage verbringen; ich war fest entschlossen, mir darin einen Platz zu erschaffen!«

An Sartres Seite fand sie diesen Platz und die Freiheit unbegrenzter Kreativität auch ohne Trauschein. Aber sie blieb verschont von den Frösten der Einsamkeit, die eine Intellektuelle im Jahr 1929 befürchten musste, weil sie das Abenteuer eines Liebesexperiments wagte.

Der eigentliche Beginn dieses Abenteuers liegt ein paar Wochen vor dem Oktoberabend 1929. Er liegt in einer Szene, die sich irgendwann im Sommer 1929 in Sartres völlig verwilderter Studentenbude in der

Jean-Paul Sartre und Simone de Beauvoir umzingelt von Journalisten nach dem Verlassen einer Pariser Polizeistation, wo sie wegen der Verteilung der verbotenen Zeitung *La cause du peuple* inhaftiert waren. Foto vom 26. Juni 1970.

Simone de Beauvoir bei der Beisetzung von Jean-Paul Sartre am 19. April 1980 auf dem Friedhof Montparnasse.

Cité universitaire abspielte. Eine sehr symbolische Szene. Das laut-
starke Freundestrio Jean-Paul Sartre, Paul Nizan, René Maheu be-
reitet sich auf die Agrégation vor. Die hübsche, aber arg zugeknöpfte
Kommilitonin Beauvoir ist ihnen nur flüchtig bekannt. Sie kennen
allerdings den Ruf, der ihr vorauseilt, sie gilt als unerhört brillan-
te Philosophiestudentin. Eines Abends laden die drei Rabauken Simone in Sartres Zimmer ein. Sie soll einen kleinen Privatvortrag
über Leibniz halten. Sie kommt in ihrer kümmerlichen Garderobe,
spricht brillant über den deutschen Philosophen und gehört seit diesem Moment dazu, zur Männerclique. Von nun an hat sie auch einen
Spitznamen, ein männliches Pseudonym: Castor. So wird Sartre sie
noch auf dem Totenbett nennen. Ein halbes Jahrhundert siezen sie
sich. Sie spricht ihn mit »Sartre« an, er sie mit »Castor«.

Es ist nicht bekannt, wann genau sie Sartre in den Fluren der Universität oder im Hörsaal zum ersten Mal sah, vielleicht 1927, vielleicht
erst 1928. Auf den ersten Blick fand sie ihn sicherlich nicht gerade
attraktiv. Dann aber kam die Einladung in die Studentenbude und
Beauvoir mit Sartre ins Gespräch. Ein Gespräch, das nie mehr enden
sollte. »Er gefiel mir immer besser; und das Angenehme dabei war:
Durch ihn gefiel ich mir selbst.« Durch ihn wurde ihre Vision Wirklichkeit: die Glücksvision vom schreibenden Paar. Ein Glück, das of-
fenbar stärker und verlockender war als jedes andere.

Im März 1980 wird Jean-Paul Sartre mit einem Lungenödem ins
Hospital eingeliefert. Einige Tage vor seinem Tod verabschiedet sich
Simone de Beauvoir von ihm. Zum letzten Mal umfasst er ihre Hand
und sagt: »Ich liebe Sie sehr, mein kleiner Castor.«

Engagement

Reise in die UdSSR, 1955. Reise nach China, 1955. Besuch bei Fidel Castro, 1960. Besuch bei Nikita Chruschtschow, 1962. Teilnahme am Russel-Tribunal gegen die Kriegsverbrechen in Vietnam, 1967. Teilnahme an einer Demonstration zur Unterstützung der maoistischen Zeitung *La Cause du Peuple* in Paris, 1970 …

Die Liste ließe sich endlos verlängern. Alles Daten, Ereignisse und Gipfeltreffen aus der Epoche des Kalten Kriegs. In dieser Zeit avancieren Sartre und Beauvoir zum Symbolpaar der internationalen Linken. Kann man das so sagen? Richtiger wäre wohl: Sartre überschritt die Grenze vom philosophischen Denken zum politischen Aktivismus, Sartre wurde zum Apologeten des Marxismus, Sartre sympathisierte mit der Sowjetunion, vollzog unter anderem aus diesem Grund 1952 den spektakulären Bruch mit dem antitotalitären Humanisten Albert Camus – und Simone de Beauvoir war dabei. Immer bereit, für Sartre Partei zu ergreifen, wie im Fall Camus. Immer wachsam, ihn vor politischen Dummheiten zu bewahren, wie dem Liebäugeln mit dem linken Radikalismus in den 70er Jahren.

Aber eine echte Herzenssache scheint die Politik für sie nur bedingt gewesen zu sein. In ihren Memoiren und Interviews kann man einiges erfahren über die Ödheit politischer Debatten und Versammlungen: »Es war die Politik selbst, die mich langweilte. Reden, reden, reden – wir taten nichts anderes. Es ödete mich an, unter lauter Männern zu sein, die die Welt nach ihren eigenen Vorstellungen ändern wollten, kleine Männer mit gefährlichem Spielzeug – Wörter und Waffen.« Über die 50er Jahre schrieb sie: »Mit den Kommunisten zusammenzuarbeiten, ohne auf das eigene Urteil zu verzichten, […] war nicht leichter als 1946.«

Simone de Beauvoir schiebt Jean-Paul Sartre in einem Kinderwagen. Satirische Karikatur von Jeffrey Morgan zur Kampagne für die Legalisierung der Abtreibung in Frankreich.

Simone de Beauvoir mit Jean-Paul Sartre
1968 beim Verteilen der Zeitschrift *La
cause du peuple*.

Zur aktuellen Weltpolitik äußert sie sich eher selten mit einer eigenen, dezidierten Meinung. Das bleibt Sartres Domäne. Doch sie ist ausnahmslos mit im Bild, mit Fidel Castro, mit Chruschtschow. Ein wenig wirkt es so, als sei sie nur da, weil sie Sartre begleitet und der Ruhm des Symbolpaars ihre Anwesenheit erfordert. Wer ihr übel will, karikiert sie jetzt als Sartres streberhaftes Anhängsel. In den Nachkriegsjahrzehnten erntet sie Bezeichnungen wie: »Notre Dame de Sartre« oder »La Grand Sartreuse«. Spätestens 1970 erledigen sich diese Titel allerdings. Denn nun beginnt Beauvoir, sich in einem Kampf zu engagieren, bei dem Sartre wenig zu suchen hat, in der neuen Frauenbewegung. An der Schwelle zum Alter macht die weltberühmte Schriftstellerin eine zweite Karriere als Grand Dame des Feminismus, wird 1974 Vorsitzende der französischen Frauenrechtsliga. Sichtbar genießt sie das Gewicht ihrer öffentlichen Rolle, die Anerkennung als Vordenkerin, den Jubel um ihre Auftritte und Reden. Sie genießt auch die private Gemeinschaft mit Frauen. Es ist ihr politischer Frühling und der unumstrittene Triumph des *Anderen Geschlechts*. In den folgenden Jahren unterzeichnet sie zahllose Petitionen, schreibt Vorworte für kritische Bücher, setzt sich gegen Unrechtsregime und vor allem gegen die Unterdrückung von Frauen rund um den Erdball ein.

Am Tag ihrer Beisetzung auf dem Friedhof Montparnasse am 19. April 1986 ist ihr Grab überhäuft mit Blumen und Kränzen. Der vielleicht rührendste Kranz stammt von einer Gruppe afrikanischer Frauen mit der etwas falsch geschriebenen Widmung »poor toi Simone«. Die Feministin und Schriftstellerin Elisabeth Badinter ruft über die Menge der Trauernden hinweg: »Frauen, ihr verdankt ihr alles!«

Nein, unpolitisch darf man sie nicht nennen. Es genügt, ihr 1948 erschienenes Buch über die erste Amerikareise zu lesen, um eine Ahnung von Beauvoirs materialistisch-kritischem Blick auf Verhältnisse, genauer gesagt, auf gesellschaftliche Missstände zu erhalten. Sie sieht die verschwenderischen Konsumgüter im Luxusgeschäft und den Bettler, der um die Ecke auf dem Trottoir kauert. Sie nimmt den empörenden Abstand zwischen Wohlstand und Elend nicht nur in den USA wahr. Aber dieser Blick leitet nicht über zum ideologischen Denken. Dafür war Simone de Beauvoir ganz einfach zu sehr Existentialistin. Durchdrungen von der Philosophie des Subjekts, das zur Freiheit der Wahl und der Bestimmung seiner selbst gleichsam verurteilt ist.

Schon in Simone de Beauvoirs erstem veröffentlichten Roman *Sie kam und blieb* aus dem Jahr 1943 geht es im Grunde um nichts anderes als um die innere und äußere Freiheit des Menschen. Er erzählt von einer sehr zermürbenden, sehr unkonventionellen Dreiecksgeschichte, die unverkennbar dem erotischen Trio Sartre/Beauvoir/Olga Kosakiewicz nachempfunden ist. Während die Autorin 1938 im Café de Flore sitzt, Probleme aus der persönlichen Beziehungswelt existentialistisch dreht und wendet und in Literatur verwandelt, ist Hitler im Nachbarland an der Macht. Die Vorzeichen auf den Zweiten Weltkrieg verdichten sich. Doch sie bekommt es kaum mit. Im Nachhinein empfindet sie die eigene Ignoranz als beschämend. »Ehrlich gesagt«, meint sie 1985 im Gespräch mit ihrer Biographin Deidre Bair, »bin ich nicht gerade stolz auf meine damalige Einstellung. Mit meinen dreißig Jahren war ich immer noch gänzlich auf die eigene Person fixiert. Zu meiner Schande muss ich eingestehen, dass ich erst durch den Krieg begriffen habe, dass ich in der Welt lebte und nicht außerhalb davon.«

Die Katastrophe des 20. Jahrhunderts öffnete ihr die Augen für das Politische. Sie stand ab 1943 auf der Seite der Résistance und sie setzte sich 1954 im Algerienkrieg schonungslos und unter Lebensgefahr für die antikolonialistische Befreiungsbewegung ein. Aber eine bestimmte Fixierung auf die eigene Person blieb durch alle historischen Wechselfälle erhalten. Anders ist es nicht zu erklären, dass ihr literarisches Werk dominiert wird von Memoiren, die ein kleines Regalbrett füllen.

Simone de Beauvoir um 1946 im Quartier Saint-Germain-des-Prés im 6. Pariser Arrondissement.

PARIS. — Le Boulevard Montparnasse

»Mein Leben ...
Ein Phänomen«

Sie kannten sich natürlich. Sie gehörten der gleichen Generation an, sie lebten zur gleichen Zeit in Paris, besuchten die gleichen Cafés am Montparnasse, waren bisweilen sogar in die gleichen Männer verliebt. Aber sie mochten sich nicht. Mehr noch, sie mieden sich regelrecht: Simone de Beauvoir, Marguerite Duras, Nathalie Sarraute. Dies sind die Namen der drei bedeutendsten Schriftstellerinnen der französischen Nachkriegsliteratur. Alle drei sind bis heute berühmt. Und alle drei taten gern so, als würden sie sich gar nicht kennen und keine Notiz von den Büchern der anderen nehmen.

Die persönlichen Animositäten sind schnell erläutert. Marguerite Duras schnappte sich Ende der 40er Jahre Jacques-Laurent Bost als Geliebten. Er gehörte zum harten Kern der »petite famille« um Sartre und Beauvoir, war über etliche Jahre Simones geduldiger Gelegenheitsliebhaber und außerdem mit Olga verheiratet, ebenfalls Mitglied der petite famille. Natürlich durfte der »kleine Bost« machen, was er wollte und mit wem. Aber dass es ausgerechnet Marguerite Duras sein musste, missfiel Beauvoir. Selbstverständlich durfte auch Sartre machen, was er wollte. Machte er auch, exzessiv. Aber dass er Ende der 40er Jahre die hoch gebildete Exilrussin Nathalie Sarraute zur bevorzugten Gesprächspartnerin über avantgardistische Literaturtheorien auserkor, das passte Beauvoir genauso wenig. Sarraute besuchte Sartre eine Weile lang zum Fachsimpeln in seinem Hotelzimmer. Diese Gespräche, urteilte Simone de Beauvoir säuerlich, seien von Seiten Sarrautes nichts anderes als das Alibi versteckter Verführungsabsichten. Oder warum erschien Madame Sarraute bei Jean-Paul Sartre gekleidet und geschmückt wie eine Doppelgängerin von Madame Chanel?

Über Zickenkriege deckt die Geschichte den Mantel des Vergessens. Über literarische Divergenzen nicht. Der Vergleich mit den Werken

Der Boulevard Montparnasse Mitte der 1930er Jahre.

von Duras und Sarraute, die sich, wenn auch auf unterschiedliche Weise, nach 1945 immer weiter vom realistischen Gesellschaftsroman entfernten, verdeutlicht Beauvoirs Beharren auf dessen Konventionen. Sie war eine Avantgardistin des weiblichen Lebens. Eine Avantgardistin literarischer Mittel und Methoden war sie nicht. Vor allem in den 60er Jahren ließ sie keine Gelegenheit aus, den Nouveau Roman, die entscheidende literarische Bewegung der französischen Nachkriegsliteratur, anzugreifen. Ein wenig schulmeisterlich, ein wenig verzopft trug sie unermüdlich ihre Ansichten über die Aufgabe realistischer Literatur vor.

Beauvoirs Schreiben orientierte sich letzten Endes am Realismus des 19. Jahrhunderts. Ihre Romane sind dialogreich und thesenhaft, sie spielen im Paris ihrer Zeit, zeigen Menschen, Charaktere und Psychen ihres Milieus, und für fast alle Figuren gibt es reale, leicht erkenn- und entschlüsselbare Vorbilder. Denn die Romane Simone de Beauvoirs sind vor allem eines: autobiographisch. In *Die Mandarins von Paris* aus dem Jahr 1954 erzählt sie, wie der Befreiungsrausch nach 1945 überging in Desillusionierung, wie sich die ehemaligen Genossen der Résistance auseinander lebten, in weltanschauliche, literarische und persönliche Konflikte verstrickten. Der Machtkampf von Sartre und Camus spielt eine zentrale, Arthur Koestler eine unangenehme Rolle. Die Reise nach Amerika, ihre Liebe zum Amerikaner Nelson Algren kommen vor. Beauvoir verwendet andere Namen, erfindet narrative Konstellationen, ihr literarisches Alter Ego ist die Psychologin Anne. Aber sie schreibt so nah an der historischen und selbst erlebten Wirklichkeit, dass der Übergang vom Roman zu den Memoiren nur ein kleiner, konsequenter Schritt ist.

Zwischen 1958 und 1972 erscheinen die vier Bände ihrer exzessiven Autobiographie, 1964 außerdem ein Buch über den Tod ihrer Mutter, 1981 ein Buch über die letzten Jahre und das Sterben Jean-Paul Sartres. Sie beginnt mit ihrer Kindheit und schreibt von da aus ihr gesamtes Leben nach. Jeder Gefühlswinkel, jede intellektuelle Entdeckung, jede Begegnung, (fast) jede Freundschaft, jeder Zweifel wird Text. Natürlich ist bei dieser Nabelschau eine gewisse Portion persönliche Eitelkeit im Spiel. Aber wichtiger ist etwas anderes: Simone de Beauvoir erforscht den Weg einer »Tochter aus gutem Haus« zur Ikone der modernen intellektuellen Frau, obwohl sie nie eine solche Ikone sein wollte. In diesem analytischen Verhältnis zu sich selbst gibt es etwas irritierend Abstraktes. Sie betrachtet und bewertet sich

Simone de Beauvoir 1978 in ihrem Appartement im Palais Royal in Paris.

Die Befreiung von Paris am 26. August
1944. General Charles de Gaulle, André
Le Troquer (1884–1963), Georges Bidault
(1899–1983), Alexandre Parodi (1901–1979)
und die Generäle Jacques-Philippe Leclerc
(1902–1947) und Alphonse Juin (1888–1967)
während der Siegesparade auf den
Champs-Élysées.

als exemplarische Figur, als eine Art Fallgeschichte des Existentialismus. Ihr Bruder im Geiste ist kein anderer als Jean-Jacques Rousseau, der Erfinder und Autor der *Bekenntnisse*. Zweihundert Jahre vor Beauvoir schrieb er in den ersten Zeilen seines autobiographischen Riesenwerks:

»Ich beginne ein Unternehmen, welches beispiellos dasteht und bei dem ich keinen Nachahmer finden werde. Ich will der Welt einen Menschen in seiner ganzen Naturwahrheit zeigen und dieser Mensch werde ich selber sein. [...] ich wage sogar zu glauben, nicht wie ein einziges von allen menschlichen Wesen geschaffen zu sein. Bin ich auch nicht besser, so bin ich doch anders.«

Rousseau täuschte sich in einem Punkt. Er fand eine Nachahmerin. Simone de Beauvoirs Lebensmotto lautete in Abwandlung der Rousseauschen Formulierung: »Glück besteht darin, zu leben wie alle Welt und doch wie kein anderer zu sein.«

Wabansia Street, Chicago

Sie hatte es eilig. Sie musste einige Nummern von *Les Temps Modernes* voraus planen, einige Texte zu Ende schreiben, sich von sämtlichen Freunden verabschieden. Und vor allem musste sie für ihre erste Reise in die USA im Januar 1947 eine angemessene Garderobe zusammenstellen. Das alte Beauvoir-Problem: zerschlissene Röcke, abgerissene Säume, unförmige Pantoffeln. In den Wochen vor Weihnachten unternimmt sie eine Einkaufstour. Am Boulevard du Montparnasse läuft sie zufällig einem lieben Bekannten in die Arme, Alberto Giacometti. »Sie sehen phantastisch aus!«, sagt er zur Begrüßung. Beauvoir erzählt ihm aufgeregt von der bevorstehenden Amerikareise, und er ermahnt sie: »Geben Sie acht! Nicht dass einer dieser großen amerikanischen Kerle Sie uns wegstibitzt!« – »Mich?«, fragt Beauvoir. »Wer sollte mich denn schon wollen? Und wer auf der Welt könnte mir mehr bedeuten als Sartre?«

Zumindest die erste Frage ist bald geklärt. Sie liegt in den Armen eines großen amerikanischen Kerls und will nie mehr weg; von seinen Machoattitüden, seinen Whiskeyflaschen, seiner Jazzplattensammlung, seiner ungehemmten Leidenschaftlichkeit. Zum ersten Mal kann sie sich vorstellen, eine andere, eine ganz konventionelle Frauenrolle einzunehmen. Zum ersten Mal gibt sie sich ohne intellektuelles Programm, ohne taktisches Balancieren hin, in einer kleinen Wohnung in der Wabansia Street in Chicago. Der große Kerl heißt Nelson Algren, von Beruf Schriftsteller. Ein interessanter Gesprächspartner ist er also auch. Sie nennt ihn »Krokodil«, wegen seines gefährlichen Lächelns. Er nennt sie »Froschfrau«, ein weiblicher Spitzname also. Auf einigen Fotografien, die sie neben Algren zeigen, lacht sie wie ein ausgelassenes, glückliches Mädchen. Sie trägt die Haare offen und ausnahmsweise keines der Bänder und keinen der Turbane, die sonst ihre Frisur und ihren Verstand zusammenhalten.

Simone de Beauvoir mit Nelson Algren und Olga Bost 1949 in Cabres.

Simone de Beauvoirs Geliebter
Nelson Algren um 1950.

Sie löst und häutet sich. Das Selbstbild der ungelenken, verpickelten, pubertierenden Schülerin, die der eigene Vater ehemals als »laide«, als hässlich bezeichnet hatte – im Gegensatz zur hübschen Schwester »belle Hélène« –, dieses nie ganz verschwundene Selbstbild aus Mädchentagen löst sich unter Nelson Algrens Augen auf. Eine andere Simone kommt zum Vorschein. Eine Simone, die »meinen Gatten« gern bekocht, sich seinen Tagesplänen fügt und das Leben wichtiger findet als die Arbeit. Noch. Denn der Konflikt, vermutlich der dramatischste in Beauvoirs Biographie, ist schon nach dem ersten Abschied und der Rückkehr nach Paris absehbar.

In den 350 Briefen, die Simone de Beauvoir in den kommenden Jahren an Nelson Algren schreibt, tritt er deutlich zutage. Es ist nicht nur der übliche Schlamassel einer Frau, die sich zwei Männern zugehörig fühlt – zumal Sartre in diesen Jahren selbst eine heftige amerikanische Liebesbeziehung mit Dolores Vanetti führt –, es ist auch nicht das Problem, sich zwischen zwei Kontinenten, zwei Wohnsitzen zu entscheiden. Beauvoir war 1947 renommiert genug, um ihre literarische Karriere selbst von den USA aus steuern zu können, worum Algren sie immer und immer wieder bat. Es ist eine Art Urkonflikt ihrer existentialistischen Idee, sich selbst vollkommen neu zu entwerfen, das Leben als Experiment, nicht als Wiederholung vorgefundener Rollen zu betrachten. In der Wabansia Street musste sie sich zwischen diesen beiden Möglichkeiten entscheiden: zwischen der »Froschfrau« Simone, die ein normales Eheleben führt wie tausende andere auch, und der Figur Beauvoir, die dem Status der Einzigartigkeit zustrebt. In der Wabansia Street war sie glücklich wie nie zuvor. Der Status aber benötigte den Resonanzraum des Pariser Milieus, samt Sartre und der petite famille. Mit Algren wäre sie nicht die Erste, sondern nur irgendeine gewesen. Das wusste sie.

Mitte 1947 kehrt sie nach Paris zurück und leidet am Trennungsschmerz bis an den Rand eines Nervenzusammenbruchs. Nelson Algren macht ihr brieflich einen Heiratsantrag. Sie hält ihn hin, schreibt Brief um Brief. »Ich vermisse Sie und liebe Sie und bin Ihre Frau, wie Sie mein Mann sind.« Aber eigentlich ist die Entscheidung gegen Algren schon gefallen. Im Herbst 1947 quartiert sie sich mit Sartre für zwei Monate in einem Landgasthaus ein, zum Arbeiten und zur Erneuerung des Pakts. Vier schöne, vier quälende Jahre vergehen noch, bis Nelson Algren die Faxen endgültig dick hat und das für seine Ohren verblasene Philosophengerede von notwendiger und

kontingenter Liebe nicht mehr hören kann. Noch zwei Mal ist sie bei ihm in Amerika, er kommt 1949 für mehrere Monate nach Paris. Im Jahr 1951 besiegeln sie ihre Trennung, ohne sich je aus den Augen zu verlieren.

Sie schreibt aus Paris an Algren: »Was Sie auch immer in Zukunft beschließen, ich möchte, dass Sie dies wissen: nicht aus Mangel an Liebe bleibe ich nicht bei Ihnen.«

Sie schreibt aus Amerika an Sartre: »Ich bedaure nicht, dass diese Geschichte tot ist, denn ihr Tod war in dem Leben enthalten, das ich gewählt habe und das Sie mir geben. […] ich habe den Eindruck, hier von alten Begierden festgehalten zu werden, während das Neue und das Romantische und das Glück meines Lebens bei Ihnen sind, mein kleiner Gefährte von 20 Jahren.«

Sie verspricht Nelson Algren, den Ring, den er ihr als symbolischen Ehering geschenkt hat, nie mehr abzulegen und sie hält ihr Versprechen. Mit Algrens Ring am Finger wird Simone de Beauvoir vier Jahrzehnte später begraben. Algren vergaß allerdings, ihr das Versprechen abzunehmen, ihn nicht zum Gegenstand ihrer Bücher zu machen. Er konnte nicht wissen, was ihm bevorstand, da Beauvoir erst in den 50er Jahren ihr Memoirenwerk beginnen wird. Dass sie 1954 im Roman *Die Mandarins von Paris* über ihn schreibt, verzeiht er ihr gerade noch. Aber 1963 erscheint *Der Lauf der Dinge*, das zweite autobiographische Buch. Ein Jahr später wird es in Amerika veröffentlicht und Nelson Algren tobt, voller Zorn und bodenlos enttäuscht über Beauvoirs Exhibitionismus.

Noch in seinem letzten Interview, kurz vor seinem Tod 1981, macht er seiner Verachtung Luft: »Sie hat meinen Namen genannt und aus meinen Briefen zitiert, sie hat wohl nicht gewusst, was sie schreiben soll […]. Ich kenne Bordelle in der ganzen Welt, überall machen die Frauen die Türen zu, aber diese Frau hat die Tür weit aufgerissen und alle Welt und die Presse herbeigerufen.«

Simone de Beauvoir im Bad einer Freundin des Fotografen Art Shay. Schnappschuss während eines Aufenthalts in Chicago bei Nelson Algren.

La petite famille

Seltsame Symbiosen waren es schon. Soziale Verhältnisse, wie man sie eher aus dem Studentenmilieu kennt. Und in gewisser Weise führten Beauvoir und Sartre tatsächlich ein niemals endendes Studentenleben. Bis ins hohe Alter hatten sie eine stabile Clique um sich. Nur dass sie nicht Clique hieß, sondern petite famille. Eine symbolische Ersatzfamilie. Wo das Paar war, waren auch die symbolischen Kinder, Mitarbeiter, Lebenstrabanten nicht weit: Olga und ihre Schwester Wanda, der kleine Bost, Bianca Bienenfeld, Claude Lanzmann, Michelle Vian, Nathalie Sorokine und ein halbes Dutzend Menschen mehr. Manche gehörten für immer zur petite famille, andere nur für eine bestimmte Etappe. Aber das Lebensmodell hielt sich von den Studententagen bis ins Greisenalter. Dieses verbrachten sowohl Jean-Paul Sartre als auch Simone de Beauvoir mit Frauen an ihrer Seite, die über eine Generation jünger waren. Sartre mit Arlette Elkaïm, Beauvoir mit Sylvie Le Bon. Junge Frauen, deren Rolle nur mit einem Bündel von Begriffen beschreibbar ist. Sie waren Stützen des Alltags, Sekretärinnen, menschliche Vertraute, Nachlassverwalterinnen und Geliebte. Und sie waren Töchter. Sartre adoptierte 1965 Arlette Elkaïm. Beauvoir adoptierte 1980, im Jahr von Sartres Tod, Sylvie Le Bon. Sie hatten die Tradition der bürgerlichen Familie gekappt. Sie verweigerten das Prinzip der biologischen Genealogie. Aber wie sie sich als Paar erfunden hatten, so erfanden sie sich eine soziale Ersatzfamilie.

Man darf sich diese petite famille durchaus als Vorläufer von Andy Warhols »Fabrik« vorstellen. Denn in der petite famille herrschte nicht nur libidinöser Hochbetrieb – es kam permanent zu Liebesaffären und Liebestragödien –, die petite famille war auch ein politisches und publizistisches Netzwerk mit zeitgeschichtlicher Außenwirkung. Die Grenzen zwischen der Redaktion der *Temps Modernes*, der unter anderem Bost und Lanzmann angehörten, und der Familie

Jean-Paul Sartre mit seiner Adoptivtochter Arlette Elkaïm-Sartre.

Das Café de Flore und Les Deux Magots
in den 1930er Jahren in Paris.

waren ebenso fließend wie die Grenzen zwischen dem Privaten und dem Öffentlichen.

Ende der 40er, Anfang der 50er Jahre nahmen das berühmteste Paar von Paris und seine petite famille den Rang einer Sehenswürdigkeit, einer Art Touristenattraktion ein, die morgens und nachmittags in irgendeinem Cafe anzutreffen und zu bestaunen war. Im Café de Flore, in Les Deux Magots oder in der Brasserie Lipp kam es zu regelrechtem Publikumsgedränge, wenn Sartre, Beauvoir und ihre Entourage eintrafen. Um dem Rummel zu entgehen, zogen sie schließlich in die mehr Ruhe versprechende Kellerbar des nahe gelegenen Hôtel du Pont Royal um. Truman Capote, dem Beauvoir den Anschluss an die petite famille verwehrte, wohl weil sie gegenüber Homosexuellen grundsätzlich etwas negativ eingestellt war, rächte sich mit ätzenden Beschreibungen: »Damals gab's im Pont Royal eine ledrige kleine Kellerbar, die Lieblingstränke der Haute-Boheme-Betuchten. Der schieläugige, bleiche, pfeifennuckelnde Jean-Paul Sartre und seine altjüngferliche Amüsierdame, die Beauvoir, hockten meist in einer Ecke wie ein verlassenes Bauchrednerpuppenpaar.«

Jean-Paul Sartre war das geistige, Simone de Beauvoir das psychologische Zentrum der petite famille. Sartre alimentierte über Jahrzehnte hinweg eine ganze Reihe von Familienmitgliedern, vor allem ehemalige und Noch-Geliebte. Beauvoir war für die seelische Fürsorge zuständig. Wenn sich indes die »Eltern« von der Familie entfernten und intensive Liebesgeschichten außerhalb von Paris unterhielten, rebellierten die »Kinder«. Eine echte Bedrohung war Dolores Vanetti. Sartre lernte sie 1945 in Amerika kennen. Sie gab ihre Ehe für ihn auf, folgte ihm nach Paris und brachte Sartre fast so weit, sie zu heiraten. Die petite famille zeigte, wozu sie fähig war. Sie fing Dolores Vanetti buchstäblich an Sartres Haustür ab und drangsalierte sie so lange, bis sie nach Amerika zurückkehrte. Mit dem Amerikaner Nelson Algren, der zur gleichen Zeit wie Dolores auf den Plan trat, verfuhr die petite famille weitaus milder. Olga und Michelle Vian übersetzten sogar seine Erzählungen ins Französische. Bisweilen beugte sich auch Sartre über Algrens Texte und half seiner Geliebten Michelle, die Literatur des Geliebten seiner Lebensgefährtin Beauvoir in eine wohlklingende Form zu bringen.

Wie gesagt, seltsame Symbiosen. Aber die Aura eines utopischen sozialen Mikrokosmos hat die petite famille bis heute nicht ganz verloren.

Eine Pariserin in der Welt

Kann man sich Simone de Beauvoir ohne Paris vorstellen? Nein. Kann man sich ihre Romanfiguren ohne Paris vorstellen? Ebenso wenig. Kann man sich Simone de Beauvoir ohne die Pariser Cafés vorstellen? Noch weniger. Sie lebte, als wäre sie dort geboren worden. In gewisser Weise stimmt das sogar. Denn zum allerersten Mal »richtig frei« und »ungeheuer erwachsen« fühlte sie sich, als sie 1927 für einen Vormittag die Schule schwänzte, heimlich ins La Rotonde ging und einen Café crème bestellte.

Simone de Beauvoir gehörte und gehört zum kulturellen Inventar der französischen Hauptstadt. Man übertreibt nicht mit der Behauptung, dass sie ihre geistige Sozialisation, ihre künstlerische Prägung, ihren Ruhm und ihren Legendenstatus dieser Stadt verdankt. Paris ist der zwingende Echoraum ihrer Existenz. Ihre gesamte literarische Biographie lässt sich als Parallele zur Geschichte der französischen Metropole im 20. Jahrhundert darstellen. Beauvoirs Jugend- und Befreiungsjahre vollzogen sich in jener Vorkriegsdekade, in der Paris zu einem europäischen Kulturzentrum der Moderne aufstieg. Ihr Durchbruch als Schriftstellerin und Essayistin wiederum fiel zusammen mit der pulsierenden, atemberaubenden Nachkriegsphase Ende der 40er und Anfang der 50er Jahre, in der sich die Hauptstadt kulturell erneuerte. Die Jazzmusik eroberte die Nachtclubs, der Existentialismus das philosophische Denken, die amerikanische Romanliteratur die Buchhandlungen. Juliette Gréco rühmte sich einer Affäre mit Sartre, bevor sie stattgefunden hatte. Und Simone de Beauvoir wurde endgültig zur öffentlichen Person, zur öffentlichen Pariserin.

Sie lebte ja tatsächlich in aller Öffentlichkeit, schrieb tagsüber in Cafés, kehrte am späten Abend in eines der Hotels zurück, in denen sie ein Zimmer bewohnte, wie auch Jean-Paul Sartre bis weit über seine

Lebensmitte hinaus. Im Oktober 1948 – im Alter von immerhin 40 Jahren – verließ sie mit ein paar Koffern das Hôtel La Louisiane und bezog zum allererersten Mal in ihrem Leben eine eigene Mietwohnung in der Rue de la Bûcherie 11, »eine kleine Dreizimmerwohnung ohne Bad, aber mit einem superben Blick auf Notre Dame«. Der optische Kontakt mit dem Wahrzeichen von Paris war ihr wichtiger als jeder Komfort. »In guter alter französischer Tradition wurden bei Regen Eimer aufgestellt, um das durchsickernde Wasser aufzufangen«, schrieb Nelson Algren über die kleine Dachwohnung mit dem abblätternden Putz, die Beauvoir kurz vor seinem Besuch angemietet hatte.

Der Mythos Beauvoir ist eingenäht in den Mythos Paris. Nur darf man dabei eines nicht vergessen: Beauvoirs Sehnsucht nach der Welt außerhalb der vertrauten Metropole, ihre Leidenschaft für das Reisen, ihre unbändige Neugier auf ferne Länder, fremde Sprachen, fremde Sitten und Menschen. Ab Mitte der 50er Jahre verbrachte sie jedes Jahr mehrere Monate, meist die Sommermonate, gemeinsam mit Sartre in Rom. Es zog sie nach China, Südamerika, Afrika nördlich und südlich der Sahara, zudem nach Skandinavien, Russland und Spanien – um nur einige Stationen jenseits von Paris zu nennen. Kein Zweifel, Simone de Beauvoirs Wurzeln lagen unter der Erde des Montparnasse. Aber sie blühte auf, wenn sie sich in anderen Regionen der Erde herumtreiben, inspirieren lassen konnte.

Nichts illustriert dies schöner als die Einrichtung ihrer zweiten eigenen Wohnung. Vom Preisgeld des Prix Goncourt, den sie für den Roman *Die Mandarins von Paris* erhalten hatte, kaufte sich Beauvoir im Sommer 1955 eine Studiowohnung in der Rue Schoelcher. Mit dem »Beutegut« ihrer Reisen verwandelte sie die Räume im Lauf der Jahre in ein kleines ethnologisches Museum. Die Wände waren verziert mit Masken aus Haiti und Afrika, mit Bildern aus Mexiko und Stoffen aus Guatemala. Inmitten einer Sitzecke befand sich ein niedriger Tisch, den eine auffällige brasilianische Trommel dominierte. Um den Überwurf einer der beiden Liegesofas zu schonen, breitete sie eine in grellen Farben gehaltene Decke nordamerikanischer Indianer darüber, ein Mitbringsel von einer ihrer USA-Reisen. Auch für sich selbst bevorzugte Beauvoir in späteren Jahren folkloristischen Schmuck, große bunte Ohrringe und Halsketten, und folkloristische Kleidungsstücke. Ihr Status brauchte die Nähe zu Paris. Aber ihre Seele schien mindestens ebenso sehr die Ferne und die Weite der Welt zu benötigen.

Jean-Paul Sartre und Simone de Beauvoir am 5. November 1960 in Barcelona.

»Ich habe Haltung bewahrt, aber mit wie großer Mühe!«

Es war ihr nicht nur wichtig, bei jeder Gelegenheit Sartres geistige Überlegenheit zu betonen. Es war ihr generell wichtig, Menschen und natürlich auch sich selbst nach dem Kriterium der geistigen, erotischen, charakterlichen Über- oder Unterlegenheit zu beurteilen. Sie stellte regelrechte Qualitätsvergleiche zwischen den Personen ihrer Umgebung, vor allem aber zwischen den Frauen an, mit denen sie in Konkurrenz geriet. Liest man ihre Tagebücher, Briefe, Memoiren, könnte man meinen, sie habe unentwegt Gericht abgehalten. Als Kind hatte sie selbst einmal ein solches Gerichtsverfahren belauscht. Eine Szene, die sich in ihr Gedächtnis eingebrannt haben muss. Sie spielte sich eines Nachts ab. Simone, sieben oder acht Jahre alt, lag bereits in ihrem Bett, schlief aber noch nicht und hörte aus dem Nebenzimmer die gedämpften Stimmen der Eltern.

»… eines Abends stand mir das Herz fast still; mit gemessener, kaum von Neugier bewegter Stimme stellte Mama meinem Vater die Frage: ›Welche von beiden ist dir die liebere?‹« Damit konnten nur sie und ihre Schwester Hélène gemeint sein, die den Spitznamen Poupette hatte. »Ich erwartete, mein Vater werde meinen Namen ausspre-chen, aber einen Augenblick lang, der mich ewig dünkte, zögerte er: ›Simone ist die Überlegenere, aber Poupette ist so anschmieg-sam …‹ Sie wogen weiter das Für und Wider ab und sprachen dabei aus, was ihnen gerade auf dem Herzen lag; schließlich einigten sie sich darauf, dass sie die eine von uns genauso wie die andere liebten. […] Dennoch empfand ich etwas wie Groll. Ich hätte nicht ertragen, wenn einer von ihnen meine Schwester mehr geliebt hätte als mich; wenn ich mich nun mit einer Teilung zu gleichen Hälften abfand, so deshalb, weil ich überzeugt war, dass sie trotz allem zu meinem Vor-teil ausschlug. Da ich die Ältere, Klügere, Kundigere von uns beiden war, mussten mich meine Eltern ja doch, bei sonst gleicher Liebe zu

Simone de Beauvoir, Paris 1980.
Foto von Barbara Klemm.

uns, höher einschätzen und das Gefühl haben, dass ich ihnen an Reife näherstünde.«

Eine Nichtbevorzugte zu sein, das hätte sie in der Tat nicht ertragen. Mögen die Eltern auch behaupten, was sie wollen, so kennt Simone doch die Wahrheit: Sie *ist* überlegen. Sie wird am Ende eben *doch* mehr geliebt als die niedliche, aber unbrillante Schwester Hélène. Sie legt sich die Realität um den Preis einer veritablen Verdrängung zurecht. Nur – was ist es eigentlich, das Simone de Beauvoir so hartnäckig verdrängen muss? Was kann ihr Ego nicht bewältigen?

Auf diese Frage geben ihre Romane und ihre Erzählungen eine ebenso deutliche wie ausführliche Antwort. Denn es gibt im literarischen Werk Beauvoirs ein Schlüsselthema: die Eifersucht. Sie aber, die gute, alte, bürgerliche Eifersucht musste nicht nur von Simones Ego, sie musste auch vom Pakt Sartre/Beauvoir ferngehalten, ja, sie musste für das öffentliche Gelingen des Pakts hartnäckig verleugnet werden. Die emanzipierte Libertinage, die das Paar sich zum Programm gemacht hatte, vertrug sich nicht mit dem Eingeständnis weiblicher Eifersucht. Und so war Simone de Beauvoir zeitlebens damit beschäftigt, die Urgewalt dieses Gefühls zu unterdrücken, bisweilen mit nahezu grotesken Gegenbeweisen. So gab sie auf dem Höhepunkt ihrer Liebe zu Nelson Algren dem Geliebten den Rat, doch für die Zeit ihrer Abwesenheit eine kleine, praktische Sexaffäre einzugehen. Letzten Endes käme eine solche ja auch ihr zugute, da er sie, zumindest körperlich, dann weniger vermisse und ihr keine Vorwürfe mache würde, weil sie in Paris weile. Es finden sich Dutzende solcher Zeugnisse der Beauvoirschen Eifersuchtsverdrängung. Und es finden sich in ihrer Literatur ebenso viele Zeugnisse dafür, wie dieses Thema ihr Denken und Fühlen dominierte.

Eifersucht ist buchstäblich die thematische Klammer ihrer Geschichten. Sie bestimmt den Inhalt von Beauvoirs erstem Roman *Sie kam und blieb* aus dem Jahr 1943. Und sie bestimmt ihre allerletzte Erzählung, die Titelgeschichte des Bandes *Eine gebrochene Frau* aus dem Jahr 1967. Danach schrieb sie nur noch autobiographisch und essayistisch. Sowohl im Roman als auch in der Erzählung handelt es sich bei der Konstellation der Hauptfiguren um eine klassische Dreiecksgeschichte. Auch die Rollenverteilung ist identisch: Ein etwa gleich altes Paar wird zum Trio, weil eine jüngere Frau hinzukommt. Diese Jüngere ist die Geliebte des Mannes, eine Situation, die im Leben von

Simone de Beauvoir mit ihrer Schwester Hélène (Poupette), um 1914.

Beauvoir und Sartre als Normalzustand galt und als erquickliches Experiment gefeiert wurde. Aber in der Literatur? Da sieht es weniger erquicklich aus. Da wird weniger gefeiert denn gelitten, gekämpft und bisweilen sogar aus Eifersucht gemordet.

Sartre, Beauvoir und Olga verwandeln sich in *Sie kam und blieb* in die Figuren Pierre, Françoise und Xavière. Die Geschichte spielt in den 30er Jahren, auch das entspricht dem autobiographischen Hintergrund. Die Schriftstellerin Françoise nimmt sich der jungen Xavière an, Olga war zu Beginn tatsächlich Beauvoirs Schülerin, eine recht verwöhnte und launische Unschuld vom Lande. Auch Françoise holt das Mädchen zu sich nach Paris, damit es dort aus seinem Leben etwas machen kann. Xavière lernt den Ehemann von Françoise kennen, den Regisseur und Schauspieler Pierre. Dieser ist erotisch sofort an Xavière interessiert und bald auch erfolgreich bei der Neupariserin, die im Nu das Handwerk der freien Liebe erlernt. Françoise reagiert zunächst verständnisvoll, fügt sich in duldende Passivität und in die Rolle der Ratgeberin. Es wird über viele Buchseiten hinweg geredet, psychologisiert, noch mehr geredet. Für den Leser sieht es so aus, als habe diese Dreiecksgeschichte im rhetorischen Aushandeln ihren Frieden gefunden.

Das Ende ist mehr als überraschend. Denn die kultivierte Françoise bricht plötzlich aus dem Wörtergefängnis aus. Sie erträgt den Anblick der Jüngeren, dieses demütigende Spiegelbild ihrer eigenen biologischen Vergangenheit nicht mehr. Sie ermordet Xavière. In der Realität verbot sich Simone de Beauvoir solche Entgrenzungen ihrer Emotionen. In der Realität lief die Dreiecksgeschichte nach Plan: Olga war Sartres Geliebte, wurde von Beauvoir in die Ehe mit dem kleinen Bost gelenkt und in die petite famille integriert. Beauvoir domestizierte, ja verachtete anarchische Gefühle wie Neid, Eifersucht, Rachsucht. Sie war auch eine Meisterin der Umdeutung depressiver Phasen und Krisen. Und eine Meisterin darin, Haltung zu bewahren, niemals »eine gebrochene Frau« zu sein.

Das ist die Ehefrau in der gleichnamigen Erzählung, die sieben Jahre später entstand. Das gleiche Szenario: Eine verheiratete Frau aus gutbürgerlichen Verhältnissen hegt den Verdacht, dass ihr Mann Maurice sie mit einer Jüngeren betrügt. Er hält sie hin, belügt sie, bis sich seine Affäre nicht mehr leugnen lässt. Sie spürt, dass alle Welt weiß, was vor ihr verborgen wird, sie geht in Gesellschaft, beobachtet, wie der eigene Gatte mit der Geliebten flirtet, »ich habe Haltung bewahrt, aber mit wie großer Mühe«, schreibt sie in ihr Tagebuch. Schließlich bricht sie zusammen, wird ein Fall für den Psychiater. Sie unternimmt, um aus Paris wegzukommen, eine Reise nach New York, aber auch dort geistert sie nur benommen durch die Straßen. Als sie nach Paris zurückkehrt, ist ihr Mann aus der gemeinsamen Wohnung ausgezogen. Sie sitzt am Tisch, unfähig, sich zu bewegen, aufzustehen, die Koffer zu öffnen. Der letzte Satz des Tagebuchromans lautet: »Ich habe Angst.«

Zurück zu ihren Frühprägungen: Was fühlte die kleine Simone, als sie im Alter von zwei Jahren Konkurrenz durch die Geburt einer Schwester erhielt? Als sie entthront wurde, wie Sigmund Freud es nennen würde, und zum ersten Mal der Eifersucht begegnete. Es ist das Ereignis, mit dem Simone de Beauvoir bezeichnenderweise die Niederschrift des ersten Bandes ihrer Memoiren beginnen wird. Von diesem und keinem anderen Ereignis berichtet sie schon auf der allerersten Seite. Man darf es folglich als – gut inszeniertes – Urereignis ihrer Erinnerung verstehen. Die Erinnerung ist an ein Kostümfest im Jahr 1910 gebunden. Simone ist also zwei Jahre alt und als Rotkäppchen verkleidet. Sie steht neben ihrer Mutter und die hält »ein Baby auf dem Arm, doch das bin diesmal nicht mehr ich; […] inzwischen ist meine Schwester auf die Welt gekommen. Ich war, so scheint es, eifersüchtig, aber nur kurze Zeit«.

Nur kurze Zeit? Das stimmt, wie wir gesehen haben, eher nicht. Eifersucht und Angst – denn nichts anderes als Verlustangst ist der Kern der Eifersucht – treiben die literarische Phantasie Simone de Beauvoirs noch Jahrzehnte später um. Aber bereits als Zweijährige erfindet sie eine Bewältigungsstrategie für dieses scheußliche, demütigende Gefühl. Sie bemerkt, dass es einen Weg gibt, sich der Eifersucht zu entledigen: die Berechnung des geistigen Vorsprungs, der geistigen Überlegenheit: »So lange ich mich zurückerinnern kann, war ich stolz darauf, die Ältere und damit die Erste zu sein. Als Rotkäppchen verkleidet, trage ich einen Korb am Arm mit einem Kuchen und einem Topf Butter darin; ich fühlte mich interessanter als das Baby, das ohne Hilfe noch nicht aus seiner Wiege heraus konnte. Ich hatte eine kleine Schwester, aber der Säugling ›hatte‹ mich nicht.«

Das Alter

Sie hatte noch eine zweite Manie, besser gesagt, ein zweites manisches Thema: das Alter. Es ist ebenfalls in all ihren Büchern präsent. Es gab keine biographische Etappe, keine Entwicklungsstufe, in der sich Simone de Beauvoir nicht mit den Schreckgespenstern des Alterns herumgeschlagen hätte. Bereits mit 26 Jahren glaubte sie urplötzlich, an der Schwelle des ermüdeten Frauseins zu stehen. Sie fand sich zu alt für die Liebe, zu alt, um anziehend zu wirken. Die freundschaftliche Liaison mit der siebzehnjährigen Schülerin Olga, die sie damals einging, entsprang nicht zuletzt dem Wunsch, sich durch Olgas Jugend die eigene noch ein Weilchen zu bewahren.

Als sie Nelson Algren kennenlernte, war ihr die Sexualität, die sie durch ihn erfuhr, geradezu unheimlich. Sie fragte sich allen Ernstes, ob solche Triebe in ihrem Alter nicht einen unnatürlichen Zug besäßen. Sie empfand sich als »zu alt, um mit Männern zusammen zu sein«. Da war sie 39. Noch schlimmer waren die Alterszweifel, als sie sich fünf Jahre später mit dem siebzehn Jahre jüngeren Claude Lanzmann einließ. Da war sie 44, eine Frau in den besten Jahren. »… es gibt keine Möglichkeit, mein Altern aufzuhalten«, sagt die Psychologin Anne in *Die Mandarins von Paris*. Sie steht dabei vor dem Spiegel, betrachtet die weißen Fäden in ihren Haaren und verfällt in Trübsal.

Als Simone de Beauvoir 51 Jahre alt war, erschrak sie vor dem Anblick des eigenen Gesichts. »Ich hasse mein Spiegelbild: über den Augen die Mütze, unterhalb der Augen diese Säcke, das Gesicht zu voll und um den Mund der traurige Zug, der Falten macht. […] Der Tod ist nicht mehr ein brutales Abenteuer in weiter Ferne, das Sterben hat schon begonnen.« Niemand sah, was sie sah. Der Widerspruch zwischen ihrer Selbstwahrnehmung und ihrer Erscheinung auf Fotografien ist geradezu grotesk. Sie wirkte zeitlebens eher jünger, als

Jean-Paul Sartre und Simone de Beauvoir in Paris. Foto vom 21. Juni 1977.

Simone de Beauvoir mit ihrer Adoptivtochter
Sylvie Le Bon während einer Veranstaltung
des Mouvement de libération des femmes
(MLF) am 17. Juni 1973 in Vincennes (Val-de-
Marne). Foto von Janine Niepce.

sie tatsächlich war. Das Gesicht ohne Furchen, die Haut frisch, keine Spur von Säcken unter den Augen, die Gestalt so aufrecht und schmal wie die einer jugendlichen vitalen Frau. Aber sie fühlte sich fortwährend zu alt, zu verbraucht. Und immerzu haderte sie mit dem biologischen Verfall, mit dem Verlust an Vitalität und mit der Verdammung des Alters durch die Gesellschaft. Auch ihr letzter großer Essay, ein fast so umfassendes Werk wie *Das andere Geschlecht*, ist diesem Lebensthema gewidmet. Es erschien 1970: *Das Alter*.

Dabei unternahm sie äußerlich nichts, um jung zu bleiben. Sie schonte sich physisch keineswegs. Keine Reise war ihr zu anstrengend, kein Arbeitspensum zu gewaltig. Dass Sartre sich bedenkenlos Unmengen an Drogen und Alkohol zuführte, um produktive Höchstleistungen zu erzielen, dass er beim Schreiben Aufputschtabletten wie Konfekt wegknabberte, pro Tag ein Röhrchen, das ist bekannt. So exzessiv konsumierte Beauvoir nicht. Aber eine Gesundheitsfanatikerin darf man sie wahrlich nicht nennen. Für ein Dutzend guter Seiten an einem Roman oder einem Essay opferte sie sofort den Nachtschlaf, und Alkohol gehörte seit der Nachkriegszeit zu ihrem Leben. Nicht wenig Alkohol. Morgens ein oder zwei Gläser Wodka, nachmittags zwei oder drei Gläser Scotch und wenn sie abends mit Sartre zum Arbeiten, Musikhören oder Reden in ihrer Wohnung in der Rue Schoelcher zusammen saß, leerten sie mühelos eine weitere Flasche Scotch.

Hinter ihrer Altersfurcht verbarg sich wohl noch etwas anderes, eine generelle Furcht vor dem Verlust, der sich ihr im Verlust der Jugend am konkretesten und anschaulichsten darstellte. Sich mit Verlusten abzufinden, war für Simone de Beauvoir fast unmöglich. Sartres Tod war für sie, lange Jahre bevor er eintraf, der Inbegriff der Tragödie. Vollkommen unakzeptabel, so unvorstellbar wie das Weltende. Tatsächlich verbrachte sie die Zeit vor und nach Sartres Tod in einer Art Delirium, trank maßlos, nahm riesige Mengen von Beruhigungstabletten zu sich und erkrankte schließlich schwer. Ohne den bedingungslosen Beistand ihrer Lebensgefährtin Sylvie Le Bon hätte sie diese Existenzkatastrophe wohl kaum überlebt. Eine psychische Sonnenfinsternis, die weit hinausging über die Trauer um den Gefährten.

Sie tat alles, um Freundschaften zu erhalten, strengte sich an, Liebesgeschichten in Freundschaften zu verwandeln, um keinesfalls den Menschen aus ihrem Gesichtsfeld zu verlieren – und um nicht an die Narben des Verlustes ihrer Kindheit erinnert zu werden. Eine wurde

ihr zugefügt, als sie elf Jahre alt war und aus einer wunderbaren großen in eine kleine schäbige Wohnung umziehen musste. Es gab aber noch eine zweite tiefe Narbe: Als Simone de Beauvoir vierzehn Jahre alt war, verlor sie Gott.

Er kam ihr buchstäblich abhanden. Sie war nicht nur eine Tochter aus gutem Haus. Sie war auch eine Tochter des Katholizismus, von intensivem Glauben erfüllt. Bis sie von einem Tag auf den anderen erkannte: Es gibt ihn nicht. Sie fand ganz allein zu dieser Erkenntnis. Sie sprach mit niemandem darüber und spielte ihrer Mutter noch lange ein frommes Kind vor, das sie nicht mehr war. Das fromme Kind hatte sich über Nacht in eine analytische Intellektuelle verwandelt, deren Verstand keinen verlässlichen Hinweis auf die Existenz Gottes fand. Im Alter von vierzehn Jahren war Simone eine Erwachsene ohne Naivität. Sie fragte sich nun, ob sie nicht auch schon viel zu alt sei, um auf dem Schoß der Mutter zu sitzen.

Immer war es ihr Ehrgeiz, die Erste zu sein. Er erfüllte sich. Sie war die Klassenbeste, die erste Philosophiestudentin mit Bestnoten, die Erste, die über das andere Geschlecht schrieb, die Erste, die in einem Pakt mit einem Mann lebte. Aber das ist wohl der Preis, den diejenige, die den anderen immer voraus sein will, für diese Vorreiterrolle bezahlt: sich auch dem eigenen Alter voraus und immer schon zu alt zu fühlen.

Simone de Beauvoir 1978 in einem Café am Boulevard Raspail im 6. Pariser Arrondissement.

Zeittafel zu Simone de Beauvoirs Leben und Werk

1908   9. Januar: Simone Lucie-Ernestine Bertrand de Beauvoir wird als erste Tochter von Françoise de Beauvoir (1887–1963) und Georges Bertrand de Beauvoir (1878–1941) in Paris geboren.

1913   Einschulung am Cours Désir.

1919   Die finanzielle Notlage erzwingt den Umzug der Familie vom Boulevard du Montparnasse in eine bescheidene Wohnung in der Rue de Rennes.

1929   Bei der Vorbereitung auf die Abschlussprüfung an der Universität im Fach Philosophie kommen sich Simone de Beauvoir und Jean-Paul Sartre nahe. Sie bestehen die Agrégation als Jahrgangserster und Jahrgangszweite. Kurz danach werden sie ein Liebespaar und schließen ihren berühmten Pakt, zunächst nur für zwei, dann für weitere drei Jahre und im Oktober 1939 als zeitlich unbegrenzten Lebenspakt.

1931   Simone geht als Philosophielehrerin nach Marseille, Sartre nach Le Havre.

1932   Im Sommer erste Reise außerhalb Europas nach Nordafrika.

1932–1936   Lehrerin in Rouen. Simone de Beauvoir befreundet sich mit ihrer siebzehnjährigen Schülerin Olga Kosakiewicz, Sartre hat mit ihr eine Affäre. Es ist das erste von zahlreichen Drei- und Vierecksverhältnissen und der Beginn der symbolischen Familie, »la petite famille«, aus meist jüngeren Freunden und Mitarbeitern, in deren Zentrum sich das Paar Sartre/Beauvoir zeitlebens bewegt. Sartre verliebt sich 1935 in Olgas Schwester Wanda, ein Jahr darauf stößt sein Schüler Jacques-Laurent Bost zu der Gruppe, Olgas späterer Ehemann und Beauvoirs späterer Gelegenheitsliebhaber und Lebensfreund.

1936–1943	Lehrerin in Paris. Beginn der Arbeit an dem Roman *L'invitée* (*Sie kam und blieb*).
1939	Kriegserklärung. Sartre wird zum Militär eingezogen.
1940	Internierung Sartres in einem deutschen Kriegsgefangenenlager.
1941	Sartre kehrt aus der Kriegsgefangenschaft zurück. Gründung der Résistance-Gruppe Socialisme et Liberté. Simone de Beauvoirs Vater stirbt.
1943/44	Auf Betreiben der Mutter ihrer Schülerin Nathalie Sorokine wird Beauvoir unter dem Vorwurf der »Verführung einer Schülerin« aus ihrer Tätigkeit als Lehrerin entlassen. Sie ist ohne Einkünfte und nimmt eine Stelle als Programmgestalterin bei Radio Nationale an.
1943	Der Roman *L'invitée* erscheint mit großem Erfolg. Beauvoir zählt ab nun zur französischen Schriftstellerelite, lernt Michel und Zette Leiris, Jean Cocteau und Jacques Lacan kennen. Beginn der engen Freundschaft von Sartre und Albert Camus, dem Beauvoir zunächst skeptisch und ablehnend gegenübersteht. »Wir waren wie zwei Hunde, die lauernd um einen Knochen kreisten. Der Knochen war Sartre.«
1944	Befreiung von Paris. Am 26. August 1944 verfolgt Beauvoir auf den Champs-Elysées die Militärparade General de Gaulles. »Paris war frei. Die Welt und die Zukunft waren uns wiedergeschenkt und wir stürzten uns hinein.« Winter 1944: Gründung der Zeitschrift *Les Temps Modernes*. Sartre schreibt ein Manifest, in dem die Idee der engagierten Literatur Gestalt annimmt. Beauvoir ist die einzige Frau in der illustren Redaktionsrunde (Camus, Leiris, Merleau-Ponty, Queneau, Paulhan, Raymond Aron).
1945/46	Zwei weitere Romane erscheinen: *Le sang des autres* (*Das Blut der anderen*) und *Tous les hommes sont mortels* (*Alle Menschen sind sterblich*). Beauvoirs einziges Drama *Les Bouches inutiles* wird uraufgeführt.

1945 Sartre reist ohne Beauvoir in die USA. Er beginnt dort mit Dolores Vanetti eine stürmische Liebesgeschichte, die bis 1950 dauert und das Bündnis mit Beauvoir zeitweilig bedroht.

1946 Beginn der Arbeit an *Le deuxième sexe* (*Das andere Geschlecht*). Bekanntschaft mit Arthur Koestler. Beginn der Freundschaft mit Boris und Michelle Vian, die über viele Jahre eine Geliebte Sartres sein wird.

1947 Der Aufsatz *Pour une morale de l'ambiguïté* (*Für eine Moral der Doppelsinnigkeit*) erscheint in *Les Temps Modernes*. Im Januar reist Beauvoir für eine viermonatige Vortragsreihe an zahlreichen amerikanischen Universitäten zum ersten Mal in die USA. In Chicago lernt sie den Schriftsteller Nelson Algren kennen und beginnt eine intensive Liebesgeschichte, die bis 1951 dauert und das Bündnis mit Sartre zunächst ebenfalls bedroht. Später nennt sie Algren »die einzig wirklich leidenschaftliche Liebe meines Lebens«. 1948 besucht sie ihn erneut in den USA, gemeinsam unternehmen sie eine lange Reise nach Mittelamerika. 1949 kommt Algren für mehrere Monate nach Paris, wo er den Skandal um die Veröffentlichung des *Anderen Geschlechts* miterlebt. 1950 reist Beauvoir noch einmal zu Algren in die USA.

1947/48 Sartre entwickelt sich zum politischen Aktivisten, Beauvoir nimmt an seinem politischen Engagement zunächst eher halbherzig teil.

1948 Das Reisetagebuch *L'Amérique au jour le jour* (*Amerika – Tag und Nacht*) erscheint. Beauvoir zieht nach Jahren in wechselnden Hotelzimmern zum ersten Mal in eine kleine Mietwohnung.

1949 *Le deuxième sexe* (*Das andere Geschlecht*) erscheint.

1952 Beginn der sieben Jahre währenden Beziehung mit Claude Lanzmann, der einzige Mann, mit dem sie zeitweise zusammenwohnt. Im August 1952 kommt es zum spektakulären Bruch zwischen Jean-Paul Sartre und Albert Camus. Beauvoir stellt sich auf Sartres Seite. Sie legt die Führerscheinprüfung ab und kauft sich ein kleines Auto.

1954   *Les mandarins* (*Die Mandarins von Paris*) erscheint, der Roman wird mit dem Prix Goncourt ausgezeichnet. Von dem Preisgeld kauft sich Beauvoir ihre erste Eigentumswohnung in der Rue Schoelcher. Beginn des Algerienkriegs.

1955   Lange Reisen mit Sartre nach Russland und China. Sartre wird Mao vorgestellt. Beauvoir verdrießt »das offiziöse Gehabe« der Reise.

1956   Sartre lernt die achtzehnjährige jüdische Studentin algerischer Herkunft Arlette Elkaïm kennen. Aus der Affäre wird eine Lebensbeziehung, die bis zu Sartres Tod währt.

1957   *La longue marche* (*China – das weitgesteckte Ziel*) erscheint. *Les mandarins* kommt in Amerika heraus, Nelson Algren ist erbost über Beauvoirs Indiskretion die gemeinsame Liebesbeziehung betreffend. Beauvoir wird im Kampf für die algerische Unabhängigkeit aktiv. In den folgenden Jahren sind sie und Sartre wiederholt Bombendrohungen ausgesetzt und leben zum Schutz anonym in wechselnden Wohnungen. 1960 beteiligt sich Beauvoir an der Kampagne für das algerische Folteropfer Djamila Boupacha und schreibt 1962 das Vorwort für das Buch der Anwältin Boupachas. 1961 kommt es zu einem Bombenanschlag auf Sartres Wohnung.

1958   Der erste Band der Memoiren erscheint, *Mémoires d'une jeune fille rangée* (*Memoiren einer Tochter aus gutem Haus*). Trennung von Lanzmann.

1960   Der zweite Band der Memoiren erscheint, *La force de l'age* (*In den besten Jahren*). Erneut enger Kontakt mit Nelson Algren. Er lebt mehrere Monate in Beauvoirs Pariser Wohnung, was zu heftigen Konflikten führt. Reise mit Sartre nach Kuba und Brasilien. Beauvoir lernt die achtzehnjährige Philosophiestudentin Sylvie Le Bon kennen. Nach einer gemeinsamen Korsikareise 1965 wird sie die engste Vertraute Beauvoirs, ihre Lebensbegleiterin für die kommenden zwanzig Jahre und mutmaßlich ihre Geliebte.

1963   Der dritte Band der Memoiren erscheint, *La force des choses* (*Der Lauf der Dinge*). Simone de Beauvoirs Mutter stirbt.

1964   *Une mort très douce* (*Ein sanfter Tod*) erscheint. Sartre lehnt den Nobelpreis ab.

1965   Sartre adoptiert Arlette Elkaïm, ohne Simone de Beauvoir davon
        etwas zu sagen. Zum ersten Mal ändert sich die Konstellation des
        Paktes. Arlette ist nun die engste Vertraute und zukünftige Erbin
        Sartres.

1966   *Les belles images* (*Die Welt der schönen Bilder*) erscheint. Reisen mit
        Sartre nach Moskau und Japan.

1967   *La femme rompue* (*Eine gebrochene Frau*) erscheint. Reise in den
        Nahen Osten. Teilnahme am Russel-Tribunal gegen die Kriegsver-
        brechen in Vietnam.

1970   *La vieillesse* (*Das Alter*) erscheint. Beauvoir beginnt, sich an der
        neuen Frauenbewegung aktiv zu beteiligen. 1971 unterzeichnet sie
        das *Manifest der 343* zur illegalen Abtreibung. 1974 wird sie Vorsit-
        zende der französischen Frauenrechtsliga. Die Flügelkämpfe fran-
        zösischer Frauenrechtlerinnen, der Dissens zwischen linkem und
        autonomem Feminismus, enttäuscht sie indes. Sie neigt, auch aus
        Gründen privater Freundschaftsloyalität, der linken Fraktion zu.

1972   Der vierte Band der Memoiren erscheint, *Tout compte fait* (*Alles
        in allem*). Zu Beauvoirs großer Sorge bemächtigt sich der junge
        Maoist Benny Lévy immer stärker des Lebens und der öffentlichen
        Aktivitäten Sartres. Arlette und Lévy auf der einen, die petite famille
        auf der anderen Seite stehen sich im Streit um Sartre immer feind-
        seliger und misstrauischer gegenüber.

1980   Am 15. April stirbt Jean-Paul Sartre. Vier Tage später wird er bei-
        gesetzt. Über 50.000 Menschen folgen dem Sarg durch die Straßen
        von Montparnasse. Es kommt zu unschönen und für Beauvoir
        bitteren Streitereien mit Arlette um Erbstücke und Manuskripte
        Sartres. »In diesem Augenblick musste ich erkennen und anneh-
        men, was Realität war: Der beste Teil meines Lebens war vorüber.«
        Beauvoir erleidet eine schwere gesundheitliche und nervliche
        Krise und verbringt einen Monat im Krankenhaus. Sie adoptiert
        Sylvie Le Bon.

1981   *La cérémonie de adieux* (*Zeremonien des Abschieds und Gespräche
        mit Jean-Paul Sartre*) erscheint. Nelson Algren stirbt.

1983   Beauvoir gibt Sartres Briefe heraus. Die Veröffentlichung wird
        begleitet von einer öffentlichen »Schlammschlacht« mit Arlette.
        Letzte Reise in die USA mit Sylvie Le Bon.

1986   Am 20. März wird Beauvoir ins Krankenhaus eingeliefert. Eine
        Operation zeigt die gleichen Symptome, an denen Sartre gestor-
        ben ist, Folgeschäden einer Zirrhose und eines Lungenödems.
        Beauvoir stirbt am 14. April. Fünf Tage später wird sie beigesetzt.
        Das Grab neben Jean-Paul Sartre auf dem Friedhof Montparnasse
        hatte Claude Lanzmann sechs Jahre zuvor diskret gekauft. An der
        Begräbniszeremonie nehmen tausende Menschen teil, französische
        Minister ebenso wie Frauenrechtlerinnen aus aller Welt.

1990   Sylvie Le Bon gibt Beauvoirs Briefe an Sartre und ihr Kriegstage-
        buch heraus.

Auswahlbibliographie

Zum Einstieg

Alice Schwarzer: *Simone de Beauvoir – Gespräche aus zehn Jahren*.
Rowohlt Verlag, Reinbek 1982.

Susanne Nadolny (Hg.): *Simone de Beauvoir. Ich will vom Leben
alles. Ein Lesebuch*. edition ebersbach, Berlin 2008.

Zitierte Werkausgabe

Die Romane, Essays, Memoirenbände und Briefwechsel Simone
de Beauvoirs liegen in deutscher Übersetzung ausnahmslos beim
Rowohlt Verlag als Taschenbuchausgaben vor.

Sekundärliteratur, Biographien und Essays

Lisa Appignanesi: *Simone de Beauvoir. Eine Frau, die die Welt ver-
änderte*. Englische Originalausgabe 1988 bei Penguin; in deutscher
Übersetzung 1989 bei Heyne in München.

Deirde Bair: *Simone de Beauvoir. Eine Biographie*. Amerikanische
Originalausgabe 1990 bei Summit Books New York; in deutscher
Übersetzung 1992 beim Verlag Albrecht Knaus in München.

Annie Cohen-Solal: *Sartre. 1905–1980*. Französische Originalausgabe bei Gallimard, Paris 1985; in deutscher Übersetzung 1988 bei
Rowohlt in Reinbek.

Claude Francis / Fernande Gontier: *Simone de Beauvoir. Die Biographie*. Quadriga Verlag, Weinheim u. a. 1986.

Bianca Lamblin: *Memoiren eines getäuschten Mädchens*. Rowohlt,
Reinbek 1994.

Axel Madsen: *Jean-Paul Sartre und Simone de Beauvoir. Die Geschichte einer ungewöhnlichen Liebe.* Claassen, München 1980; als Taschenbuch Rowohlt, Reinbek 1982.

Ursula März: *Simone de Beauvoir – Arithmetik des Vorsprungs.* In: Leidenschaften. 99 Autorinnen der Weltliteratur. C. Bertelsmann Verlag, München 2009, S. 58–63.

Ursula März: *Das Wichtigste: Dass ich eine Frau bin …* In: Die Zeit vom 3.1.2008, Nr. 2.

Toril Moi: *Simone de Beauvoir. Die Psychographie einer Intellektuellen.* Englische Originalausgabe 1994 bei Blackwell Publishers; in deutscher Übersetzung 1996 als Taschenbuch bei S. Fischer in Frankfurt am Main.

Walter von Rossum: *Simone de Beauvoir und Jean-Paul Sartre. Die Kunst der Nähe.* Rowohlt, Berlin 1998.

Hannelore Schlaffer: *Die intellektuelle Ehe. Der Plan vom Leben als Paar.* Hanser, München 2011.

Christiane Zehl Romero: *Simone de Beauvoir. Mit Selbstzeugnissen und Bilddokumenten.* Rowohlt, Reinbek 1978.

Interessantes Filmmaterial

Josée Dayan / Malka Ribowska: *Simone de Beauvoir. Un film.* Das Textbuch zum Film erschien 1978 bei Gallimard in Paris.

Alice Schwarzer: *Simone de Beauvoir live. Ein Filmporträt.* DVD, erhältlich beim EMMA Verlag Köln.

Der Liebespakt. Beauvoir und Sartre. Fernsehfilm. Regie: Ilan Duran Cohen. arte 2006.

Bildnachweis

Impressum

Gestaltungskonzept: *Groothuis, Lohfert, Consorten, Hamburg | glcons.de*

Layout und Satz: *Angelika Bardou*, DKV

Reproduktionen: *Birgit Gric*, DKV

Lektorat: *Michael Rölcke*, Berlin

Gesetzt aus der *Minion Pro*

Gedruckt auf *Lessebo Design*

Druck und Bindung: *Grafisches Centrum Cuno, Calbe*

Umschlagabbildung: Simone de Beauvoir, November 1945.
© ullstein bild / Roger-Viollet / Albert Harlingue

Bibliografische Information der Deutschen Nationalbibliothek
Die Deutsche Nationalbibliothek verzeichnet diese Publikation
in der Deutschen Nationalbibliografie; detaillierte bibliografische
Daten sind im Internet über http://dnb.dnb.de abrufbar.

© 2013 Deutscher Kunstverlag GmbH Berlin München

Deutscher Kunstverlag Berlin München
Paul-Lincke-Ufer 34
D-10999 Berlin
www.deutscherkunstverlag.de

ISBN 978-3-422-07173-5